AF218768

Impressum
Verlag: BABADADA GmbH, Nedderfeld 112 , 22529 Hamburg
Geschäftsführer / Verlagsleitung: Harald Hof
Druck: Books on Demand GmbH, In de Tarpen 42, 22848 Norderstedt

Imprint
Publisher: BABADADA GmbH, Nedderfeld 112 , 22529 Hamburg, Germany
Managing Director / Publishing direction: Harald Hof
Print: Books on Demand GmbH, In de Tarpen 42, 22848 Norderstedt

de school
escola

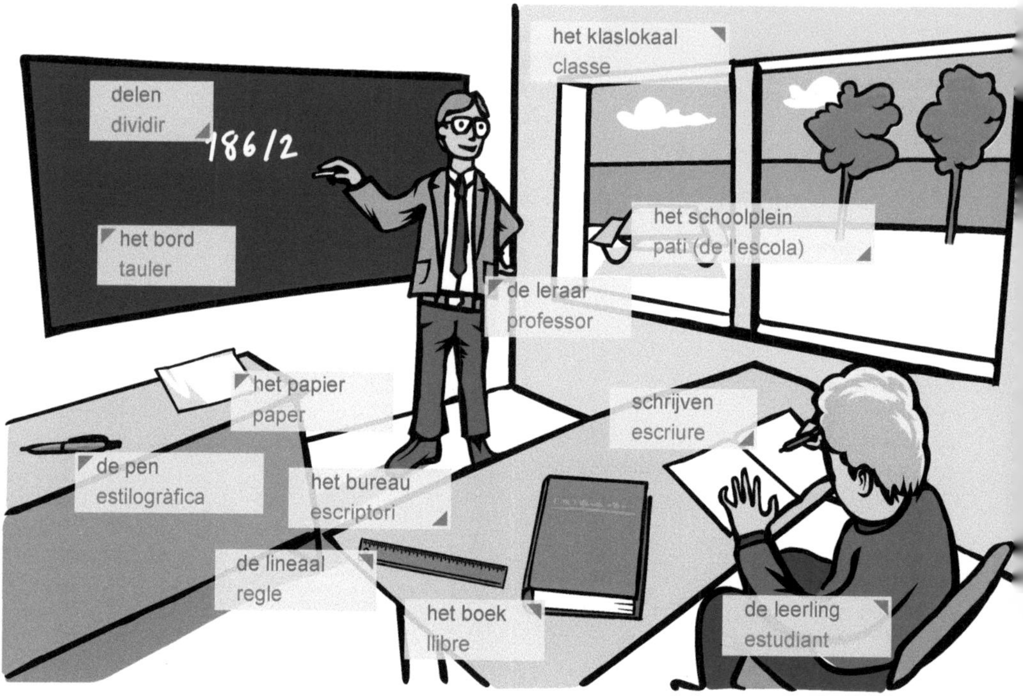
het klaslokaal
classe
delen
dividir
186/2
het bord
tauler
het schoolplein
pati (de l'escola)
de leraar
professor
het papier
paper
schrijven
escriure
de pen
estilogràfica
het bureau
escriptori
de lineaal
regle
het boek
llibre
de leerling
estudiant

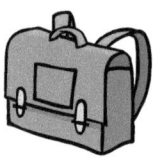

de schooltas
bossa

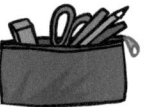

de etui
estoig

het potlood
llapis

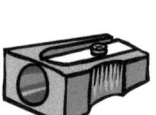

de puntenslijper
maquineta de fer punta

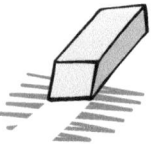

de gum
goma

het schetsblok
bloc de dibuix

de tekening
dibuix

het penseel
pinzell

de verfdoos
capsa de pintures

de schaar
tisores

de lijm
cola

het schrift
quadern d'exercicis

het huiswerk
deures

12

het getal
nombre

2+2

optellen
afegir

5-2

aftrekken
sostreure

2×2

vermenigvuldigen
multiplicar

rekenen
calcular

A

de letter
lletra

ABCDEFG HIJKLMN OPQRSTU VWXYZ

het alfabet
alfabet

hello

het woord
mot

de tekst

text

lezen

llegir

het krijt

guix

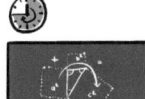

de les

lliçó

het klassenboek

llibre de classe

het examen

examen

het diploma

certificat

het schooluniform

uniforme escolar

de opleiding

formació

de encyclopedie

enciclopèdia

de universiteit

universitat

de microscoop

microscopi

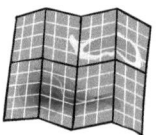

de kaart

mapa

de prullenmand

paperera

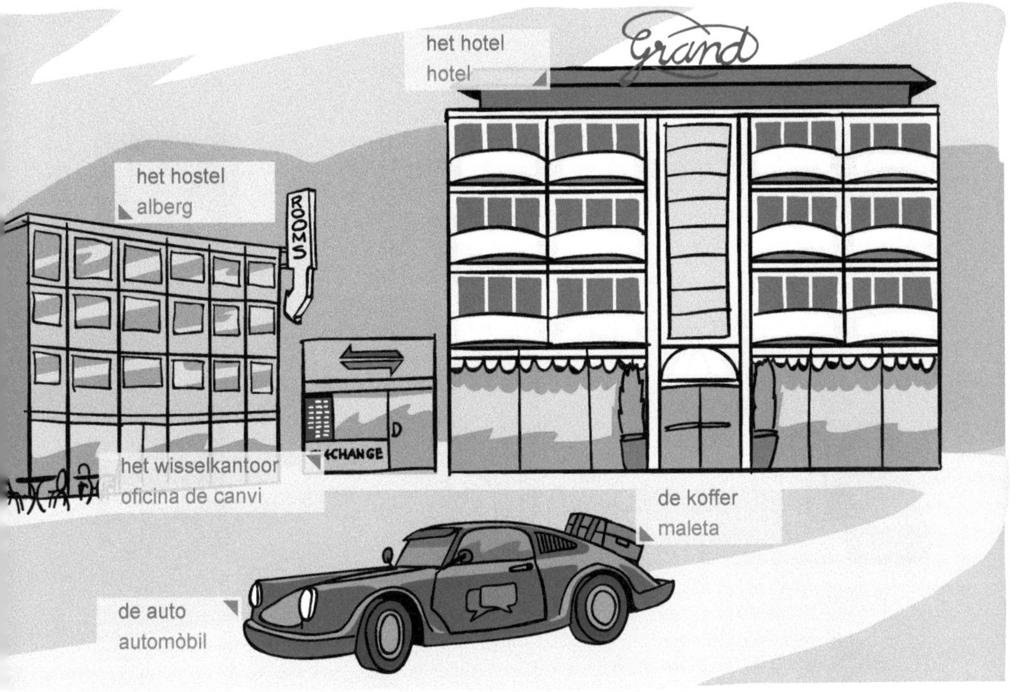

het hotel
hotel
Grand
het hostel
alberg
ROOMS
het wisselkantoor
oficina de canvi
EXCHANGE
de koffer
maleta
de auto
automòbil

de taal

llengua

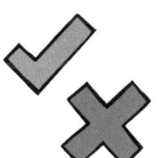

ja / nee

sí / no

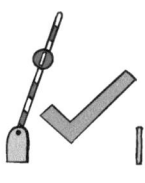

oké

D'acord

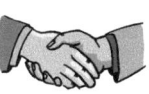

Hallo!

Ey!

de tolk

traductora

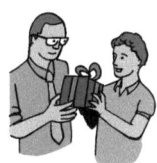

Bedankt.

gràcies

Wat kost ...?

Quant costa... ?

Ik begrijp het niet.

No entenc

het probleem

problema

Goedenavond!

Bona nit!

Goedemorgen!

bon dia!

Goedenacht!

bona nit!

Tot ziens!

fins aviat

de richting

direcció

de bagage

bagatge

de tas

bossa

de rugzak

sarrona

de gast

convidat

de kamer

cambra

de slaapzak

sac de dormir

de tent

tenda

het VVV-kantoor

oficina de turisme

het strand

platja

de creditkaart

carta de crèdit

het ontbijt

esmorzar

de lunch

dinar

het diner

sopar

het kaartje

bitllet

de lift

ascensor

de postzegel

segell

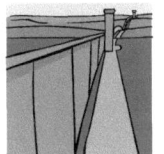

de grens

frontera

de douane

duana

de ambassade

ambaixada

het visum

visat

het paspoort

passaport

de reis - viatge

7

het transport
transport

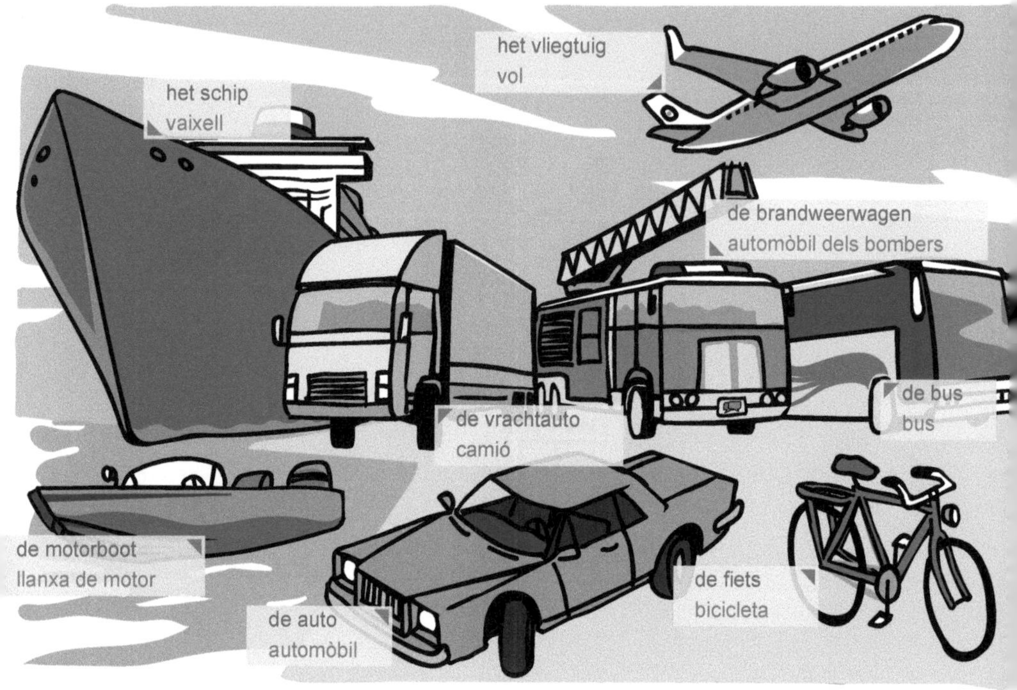
het vliegtuig
vol
het schip
vaixell
de brandweerwagen
automòbil dels bombers
de bus
bus
de vrachtauto
camió
de motorboot
llanxa de motor
de fiets
bicicleta
de auto
automòbil

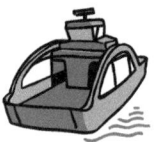

de veerboot

transbordador

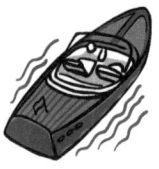

de boot

barca

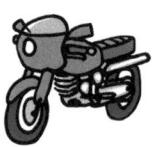

de motorfiets

moto

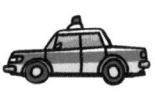

de politiewagen

automòbil de policia

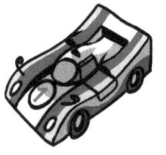

de raceauto

automòbil de curses

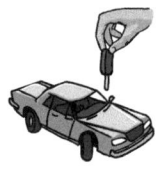

de huurauto

automòbil de lloguer

de carsharing

vehicle compartit

de takelwagen

grua

de vuilniswagen

camió de les escombraries

de motor

motor

de benzine

benzina

de benzinepomp

benzineria

het verkeersbord

senyal de trànsit

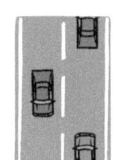

het verkeer

trànsit

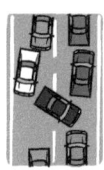

de file

embús

de parkeerplaats

aparcament

het station

estació de trens

de rails

vies

de trein

tren

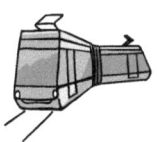

de tram

tramvia

de wagon

vagó

de helikopter

helicòpter

de luchthaven

aeroport

de toren

torre

de passagier

passatger

de container

contenidor

de verhuisdoos

capsa de cartó

de kar

carretó

de mand

cistella

opstijgen / landen

enlairar-se / aterrar

de stad

ciutat

het dorp

poble

het stadscentrum

centre de la ciutat

het huis

casa

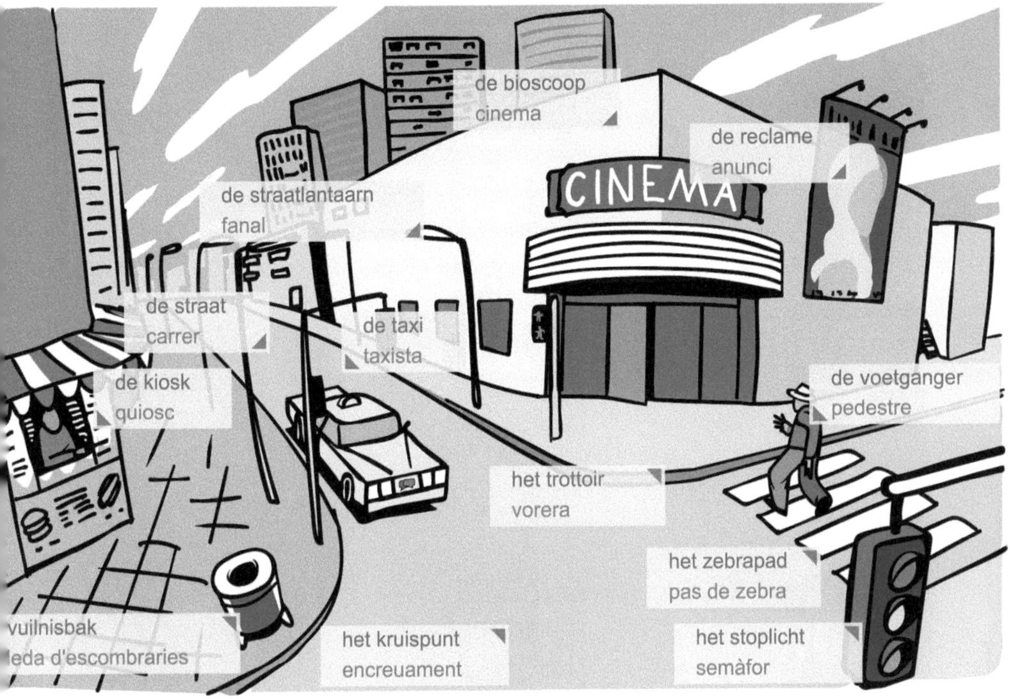

de bioscoop
cinema
de reclame
anunci
CINEMA
de straatlantaarn
fanal
de straat
carrer
de taxi
taxista
de kiosk
quiosc
de voetganger
pedestre
het trottoir
vorera
het zebrapad
pas de zebra
vuilnisbak
eda d'escombraries
het kruispunt
encreuament
het stoplicht
semàfor

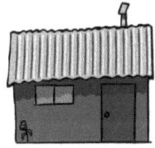

de hut

cabana

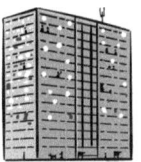

het appartement

apartament

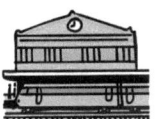

het station

estació de trens

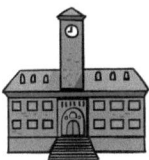

het stadhuis

casa de la vila-ciutat

MUSEUM

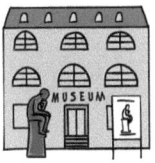

het museum

museu

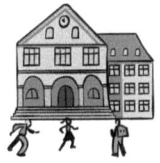

de school

escola

de universiteit

universitat

de bank

banca

het ziekenhuis

hospital

het hotel

hotel

de apotheek

farmàcia

het kantoor

oficina

de boekenwinkel

llibreria

de winkel

botiga

de bloemenwinkel

floristeria

de supermarkt

supermercat

de markt

mercat

het warenhuis

gran magatzem

de visboer

peixateria

het winkelcentrum

centre comercial

de haven

port

het park
parc

de bank
banc

de brug
pont

de trap
escala

de metro
metro

de tunnel
túnel

de bushalte
parada d'autobús

de bar
bar

het restaurant
restaurant

de brievenbus
bústia de correu

het straatnaambord
senyal indicador

de parkeermeter
parquímetre

de dierentuin
zoo

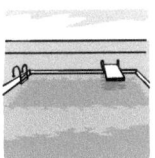

het zwembad
piscina

de moskee
mesquita

de boerderij

granja

de vervuiling

pol·lució

de begraafplaats

cementiri

de kerk

església

de speelplaats

parc infantil

de tempel

temple

het landschap
paisatge

het blad
fulla

de wegwijzer
cartell indicador

de weg
camí

de weide
prat

de steen
pedra

de wandelaar
excursionista

de boom
arbre

de rivier
riu

het gras
gespa

de bloem
flor

de vallei

vall

de berg

muntanya

het meer

llac

het bos

bosc

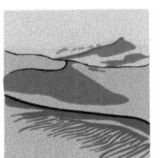

de woestijn

desert

de vulkaan

volcà

het kasteel

castell

de regenboog

arc de Sant Martí

de paddenstoel

bolet

de palmboom

palmera

de mug

moscard

de vlieg

mosca

de mier

formiga

de bij

abella

de spin

aranya

de kever

escarabat

de kikker

granota

de eekhoorn

esquirol

de egel

eriçó

de haas

llebre

de uil

òliba

de vogel

ocell

de zwaan

cigne

het wild zwijn

senglar

het hert

cervo

de eland

ant

de stuwdam

presa

de windmolen

turbina

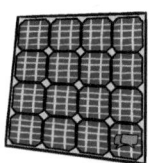

het zonnepaneel

panell solar

het klimaat

clima

het restaurant
restaurant

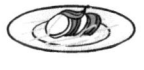

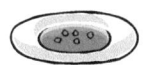

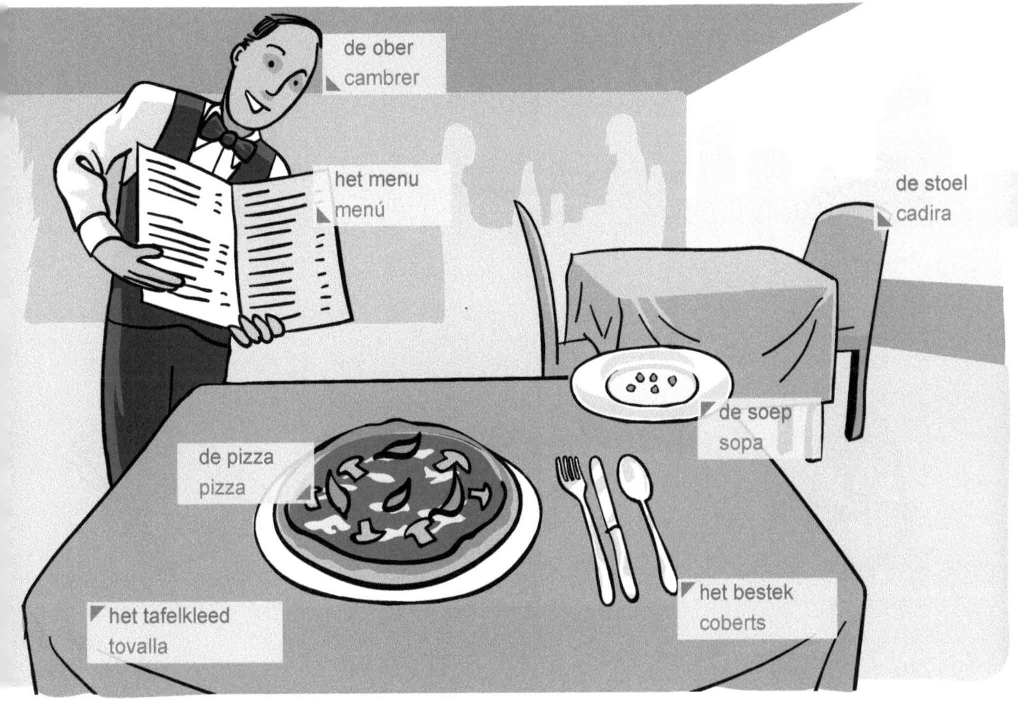
de ober
cambrer
het menu
menú
de stoel
cadira
de soep
sopa
de pizza
pizza
het tafelkleed
tovalla
het bestek
coberts

het voorgerecht

primer plat

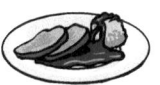

het hoofdgerecht

plat principal

het toetje

darreries

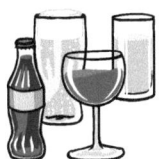

de dranken

begudes

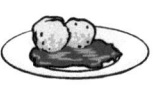

het eten

menjar

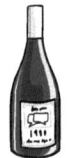

de fles

ampolla

de/het fastfood

menjar ràpid

het eetkraampje

menjar de carrer

de theepot

tetera

de suikerpot

sucrer

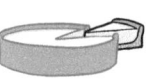

de portie

porció

de espressomachine

màquina d'espresso

de kinderstoel

trona

de rekening

factura

het dienblad

plata

het mes

ganivet

de vork

forqueta

de lepel

cullera

de theelepel

cullereta

het servet

tovalló

het glas

got

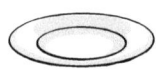

het bord

plat

het soepbord

plat de sopa

de schotel

plateret

de saus

salsa

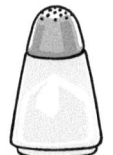

het zoutvaatje

saler

de pepermolen

molinet de pebre

de azijn

vinagre

de olie

oli

de kruiden

espècies

de ketchup

quètxup

de mosterd

mostassa

de mayonaise

maionesa

de supermarkt
supermercat

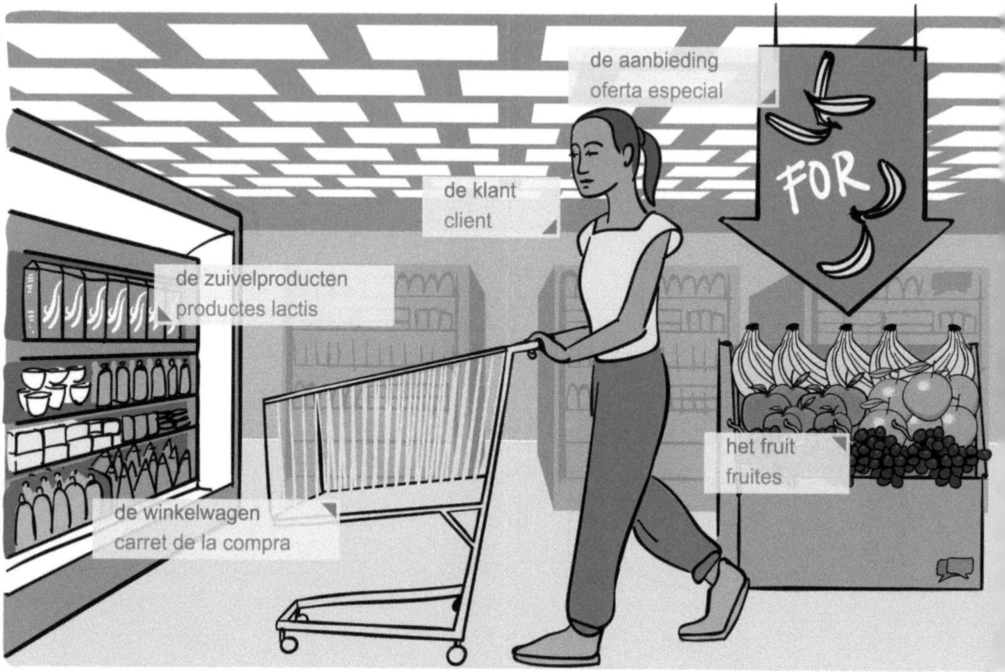

de aanbieding
oferta especial
FOR
de klant
client
de zuivelproducten
productes lactis
het fruit
fruites
de winkelwagen
carret de la compra

BUTCHERS

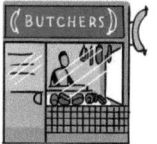

de slager

carnisseria

BAKERY

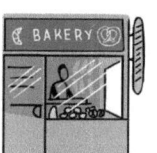

de bakkerij

forn de pa

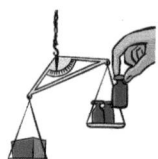

wegen

pesar

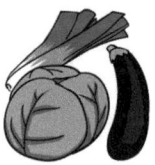

de groente

verdures

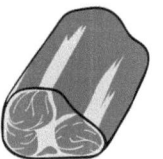

het vlees

carn

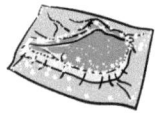

de diepvriesproducten

menjar congelat

de vleeswaren

carn freda

de conserven

conserves

het wasmiddel

detergent en pols

het snoepgoed

dolços

de huishoudelijke artikelen

articles domèstics

het schoonmaakmiddel

productes de neteja

de verkoopster

venedora

de kassa

caixa registradora

de kassier

caixera

het boodschappenlijstje

llista de la compra

de openingstijden

horari d'obertura

de portefeuille

portamonedes

de creditkaart

carta de crèdit

de tas

bossa

de plastic zak

bossa de plàstic

het water

aigua

het sap

suc

de melk

llet

de cola

coca-cola

de wijn

vi

het bier

cervesa

de alcohol

alcohol

de chocolademelk

cacau

de thee

te

de koffie

cafè

de espresso

espresso

de cappuccino

cappuccino

de banaan

banana

de appel

poma

de sinaasappel

taronja

de watermeloen

síndria

de citroen

llimona

de wortel

pastanaga

de knoflook

all

de bamboe

bambú

de ui

ceba

de paddenstoel

bolet

de noten

avellanes

de pasta

fideus

de spaghetti

espaguetis

de rijst

arròs

de salade

amanida

de friet

patates fregides

de gebakken aardappelen

patates fregides

de pizza

pizza

de hamburger

hamburguesa

de sandwich

entrepà

de schnitzel

escalopa

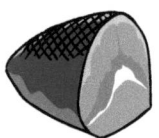

de ham

cuixot

de salami

salami

de worst

salsitxa

de kip

pollastre

het gebraad

rostit

de vis

peix

de havermout
flocs de civada

de muesli
musli

de cornflakes
cereals

het meel
farina

de croissant
croissant

de broodjes
panet

het brood
pa

de toast
torrada

de koekjes
bescuits

de boter
mantega

de kwark
mató

de taart
pastís

het ei
ou

het gebakken ei
ou fregit

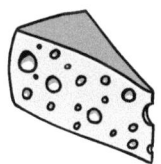

de kaas
formatge

het ijs
gelat

de suiker
sucre

de honing
mel

de jam
melmelada

de chocoladepasta
crema de xocolata

de kerrie
curri

de boerderij

granja

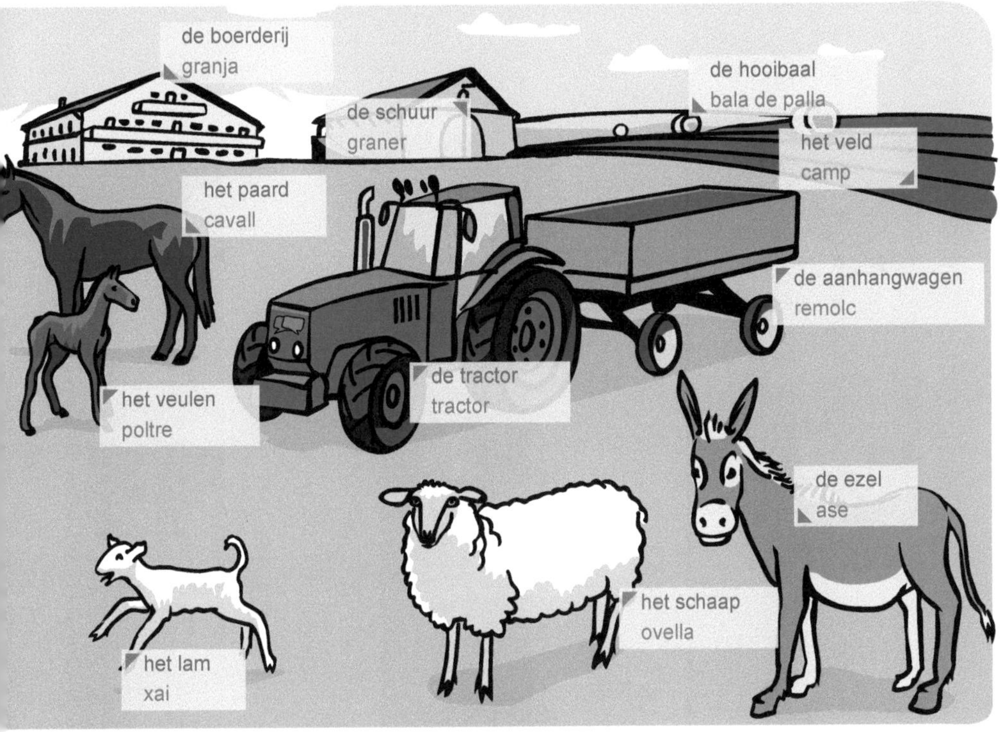
de boerderij
granja
de schuur
graner
de hooibaal
bala de palla
het veld
camp
het paard
cavall
de aanhangwagen
remolc
de tractor
tractor
het veulen
poltre
de ezel
ase
het schaap
ovella
het lam
xai

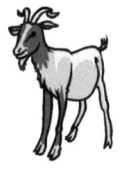

de geit
cabra

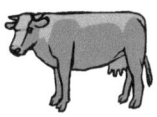

de koe
vaca

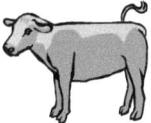

het kalf
vedella

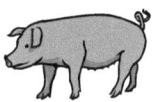

het varken
porc

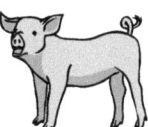

de big
garrí

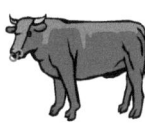

de stier
bou

de gans

oca

de eend

ànec

het kuiken

poll

de kip

gall

de haan

gallina

de rat

rata

de kat

gat

de muis

ratolí

de os

bou

de hond

gos

het hondenhok

gossera

de tuinslang

mànega de regar

de gieter

regadora

de zeis

dalla

de ploeg

arada

de sikkel

falç

de schoffel

aixada

de hooivork

forca

de bijl

destral

de kruiwagen

carretó

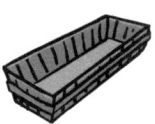

de trog

abeurador

de melkbus

lletera

de zak

sac

het hek

tanca

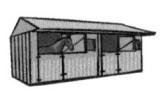

de stal

establa

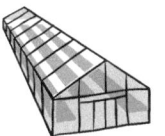

de broeikas

hivernacle

de grond

sòl

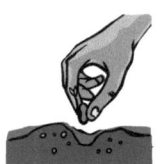

het zaad

llavor

de mest

adob

de maaidorser

collidora

oogsten
collir

de oogst
collita

de yam
nyam

de tarwe
blat

de soja
soja

de aardappel
patata

de maïs
blat de moro o d'indi

het koolzaad
colza

de fruitboom
arbre fruiter

de maniok
mandioca

de granen
cereals

het huis
casa

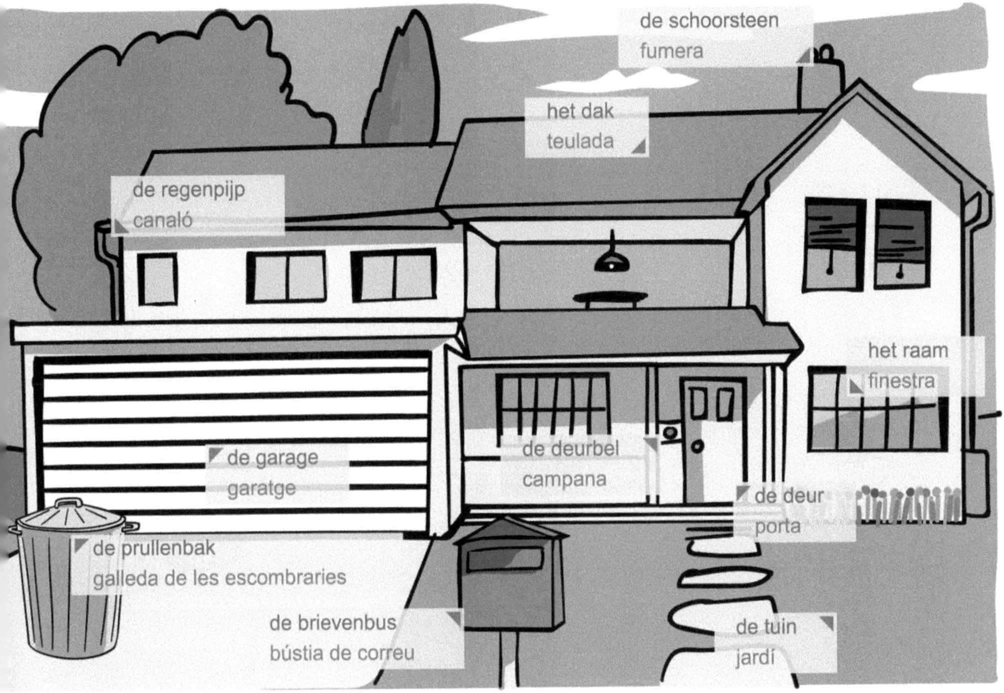
de schoorsteen
fumera
het dak
teulada
de regenpijp
canaló
het raam
finestra
de garage
garatge
de deurbel
campana
de deur
porta
de prullenbak
galleda de les escombraries
de brievenbus
bústia de correu
de tuin
jardí

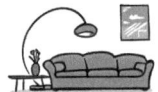

de woonkamer

sala d'estar

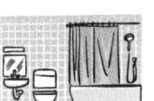

de badkamer

bany

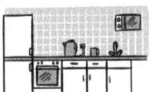

de keuken

cuina

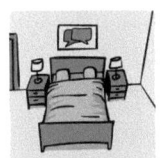

de slaapkamer

cambra de dormir

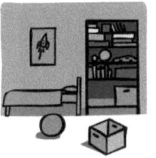

de kinderkamer

cambra de nen

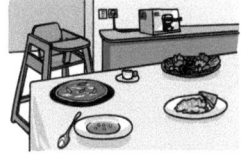

de eetkamer

menjador

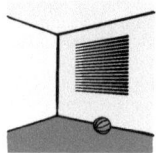

de vloer

sòl

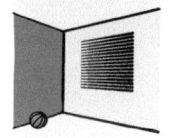

de muur

paret

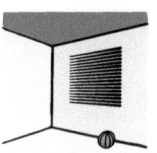

het plafond

sostre

de kelder

soterrani

de sauna

sauna

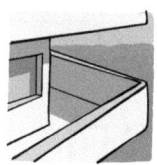

het balkon

balcó

het terras

terrassa

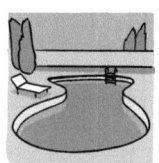

het zwembad

piscina

de grasmaaier

tallagespa

het laken

vànova

de bedsprei

cobrellit

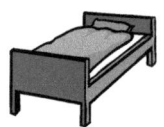

het bed

llit

de bezem

escombra

de emmer

galleda

de schakelaar

interruptor

de woonkamer
sala d'estar

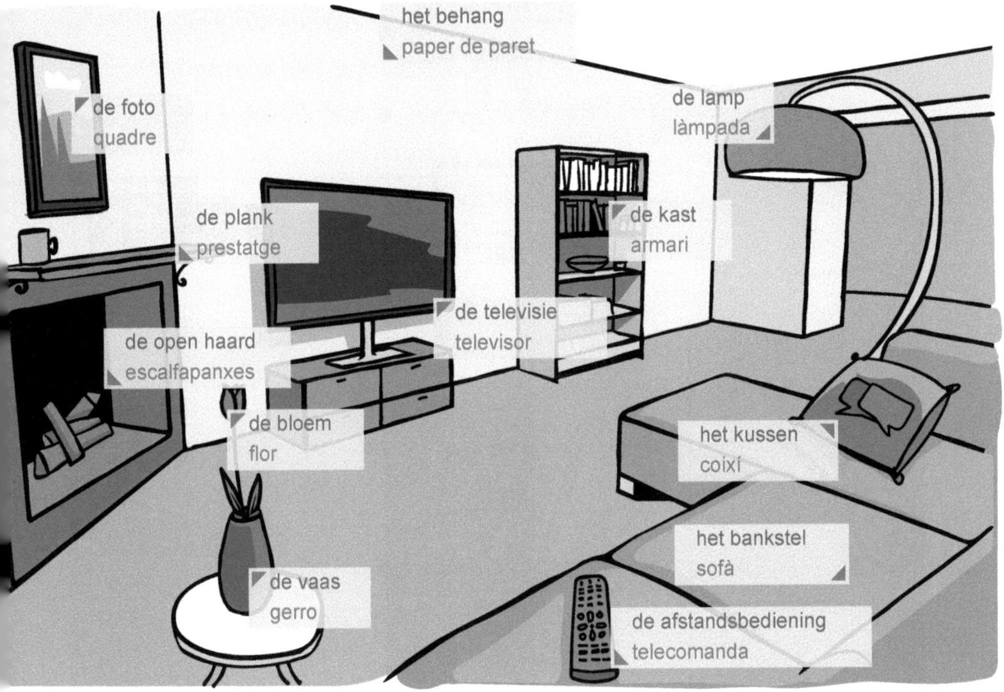
het behang
paper de paret
de foto
quadre
de lamp
làmpada
de plank
prestatge
de kast
armari
de televisie
televisor
de open haard
escalfapanxes
de bloem
flor
het kussen
coixí
het bankstel
sofà
de vaas
gerro
de afstandsbediening
telecomanda

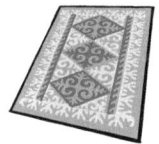

het tapijt

catifa

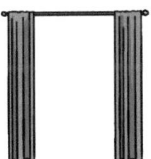

het gordijn

cortina

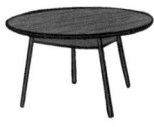

de tafel

taula

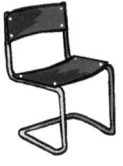

de stoel

cadira

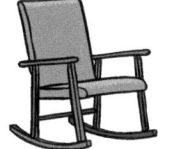

de schommelstoel

cadira gronxadora

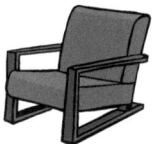

de stoel

cadiral

het boek

llibre

de deken

llençol

de decoratie

decoració

het brandhout

llenya

de film

film

de stereo-installatie

cadena de música

de sleutel

clau

de krant

diari

het schilderij

pintura

de poster

cartell

de radio

ràdio

het kladblok

bloc de notes

de stofzuiger

aspiradora

de cactus

cactus

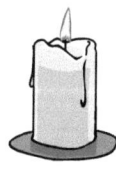

de kaars

candela

de keuken
cuina

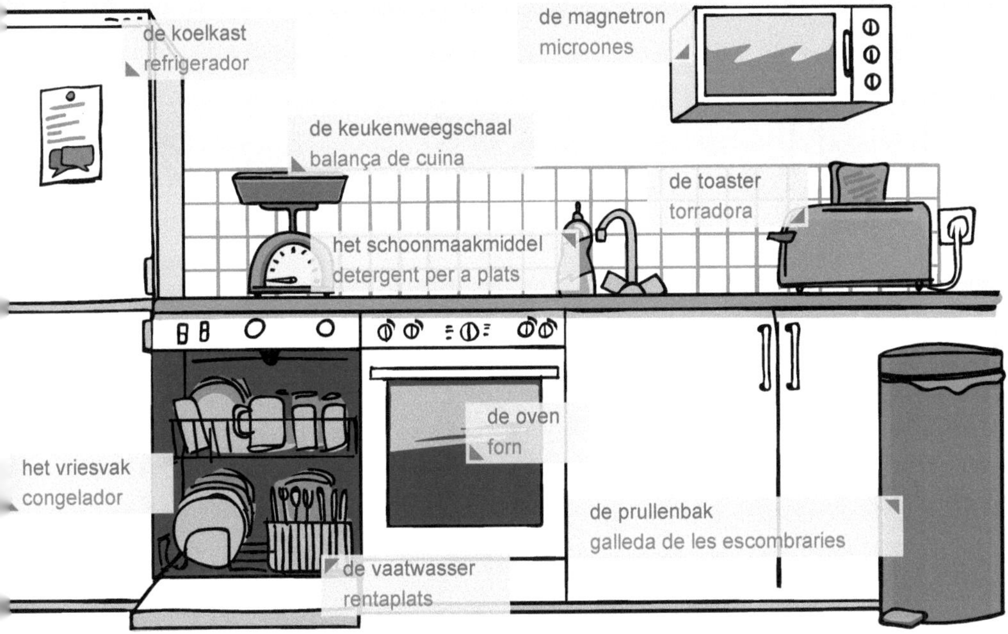
de koelkast
refrigerador
de magnetron
microones
de keukenweegschaal
balança de cuina
de toaster
torradora
het schoonmaakmiddel
detergent per a plats
de oven
forn
het vriesvak
congelador
de prullenbak
galleda de les escombraries
de vaatwasser
rentaplats

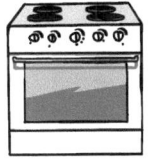

het fornuis
cuina de fogons

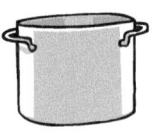

de pan
olla

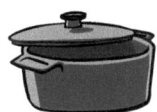

de gietijzeren pan
olla de ferro colat

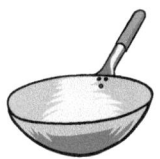

de wok / kadai
wok / karahi

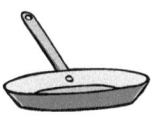

de koekenpan
paella

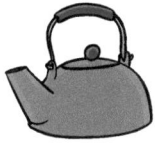

de ketel
bullidor

de stoomkoker

olla de vapor

de bakplaat

plata de forn

het servies

vaixella

de beker

tassa grossa

de kom

bol

de eetstokjes

bastonets xinesos

de soeplepel

culler

de spatel

espàtula

de garde

batedor

het vergiet

colador

de zeef

sedàs

de rasp

ratllador

de vijzel

morter

de barbecue

barbacoa

de vuurhaard

foc a terra

de snijplank
taula de tallar

de deegroller
corró

de kurkentrekker
llevataps

het blik
pot de conserva

de blikopener
obridor

de pannenlap
agafador

de wasbak
aigüera

de borstel
raspall

de spons
esponja

de blender
batedora

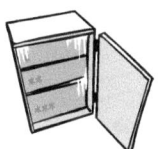

de vriezer
congelador

het babyflesje
biberó

de kraan
aixeta

de badkamer
bany

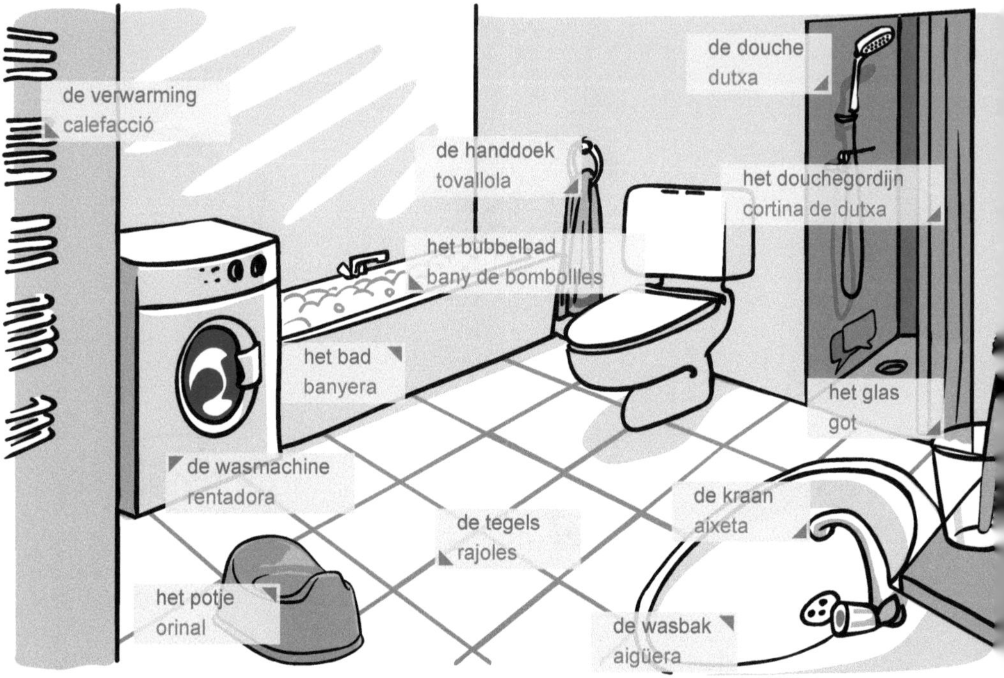

de douche
dutxa

de verwarming
calefacció

de handdoek
tovallola

het douchegordijn
cortina de dutxa

het bubbelbad
bany de bombolles

het bad
banyera

het glas
got

de wasmachine
rentadora

de kraan
aixeta

de tegels
rajoles

het potje
orinal

de wasbak
aigüera

het toilet

lavabo

het hurktoilet

lavabo turc

de/het bidet

bidet

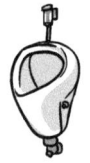

het urinoir

orinador

het toiletpapier

paper higiènic

de toiletborstel

escombreta de sanitari

de tandenborstel

raspall de dents

de tandpasta

pasta de dents

het flosdraad

fil dental

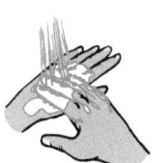

wassen

rentar

de handdouche

pom de dutxa

de toiletdouche

dutxa íntima

de waskom

rentamans

de rugborstel

raspall per a l'esquena

de zeep

sabó

de douchegel

gel de dutxa

de shampoo

xampú

het washandje

manyopla de bany

de afvoer

bonera

de creme

crema

de deodorant

desodorant

de spiegel

mirall

de make-upspiegel

mirall-espill de mà

het scheermes

maquineta de rasar

het scheerschuim

espuma de barbejar

de aftershave

loció post-rasada

de kam

pinta

de borstel

raspall

de haardroger

eixugador

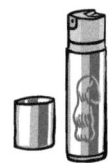

de haarspray

laca

de make-up

maquillatge

de lippenstift

pintallavis

de nagellak

esmalt d'ungles

de watten

cotó

het nagelschaartje

tallaungles

de/het parfum

perfum

de toilettas

estoig de bellesa

de kruk

tamboret

de weegschaal

bàscula

de badjas

barnús

de rubber handschoenen

guants de goma

de tampon

compresa higiènica

het maandverband

compresa

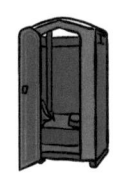

het chemisch toilet

sanitari químic

de kinderkamer
cambra de nen

de wekker
despertador
het knuffeldier
animal de peluix
de speelgoedauto
auto de joguina
de rammelaar
sonall
het poppenhuis
casa de nines
het cadeau
present

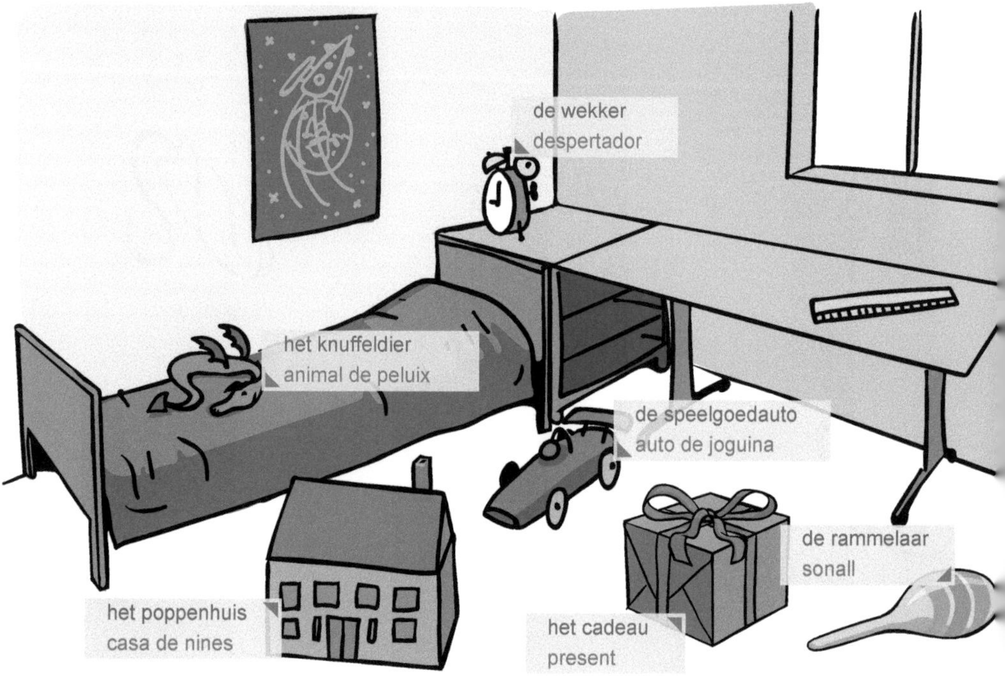

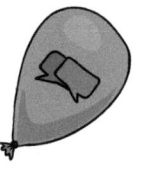

de ballon
baló

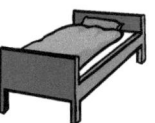

het bed
llit

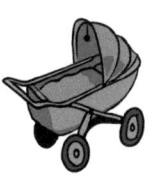

de kinderwagen
cotxet per a nens

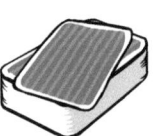

het kaartspel
joc de cartes

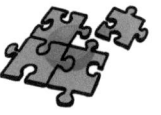

de puzzel
trencaclosca

SUPER
MEGA

het stripverhaal
historieta

de legostenen
peces de lego

de speelgoedblokken
peces de construcció

het actiefiguurtje
ninot d'acció

de romper
granota

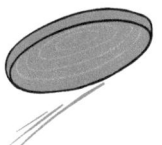

de frisbee
frisbee

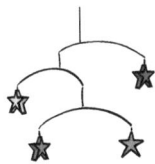

de/het mobile
mòbil per a bressol

het bordspel
joc de taula

de dobbelsteen
daus

de modeltrein
tren elèctric

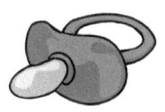

de speen
xumet

het feestje
festa

het prentenboek
llibre de dibuixos

de bal
pilota

de pop
nina

spelen
jugar

de zandbak

sorrera

de schommel

gronxador

het speelgoed

joguines

de spelcomputer

consola de jocs de vídeo

de driewieler

tricicle

de teddybeer

osset de peluix

de kleerkast

armari

de sokken

mitjons

de kousen

mitges

de panty

mitja pantaló

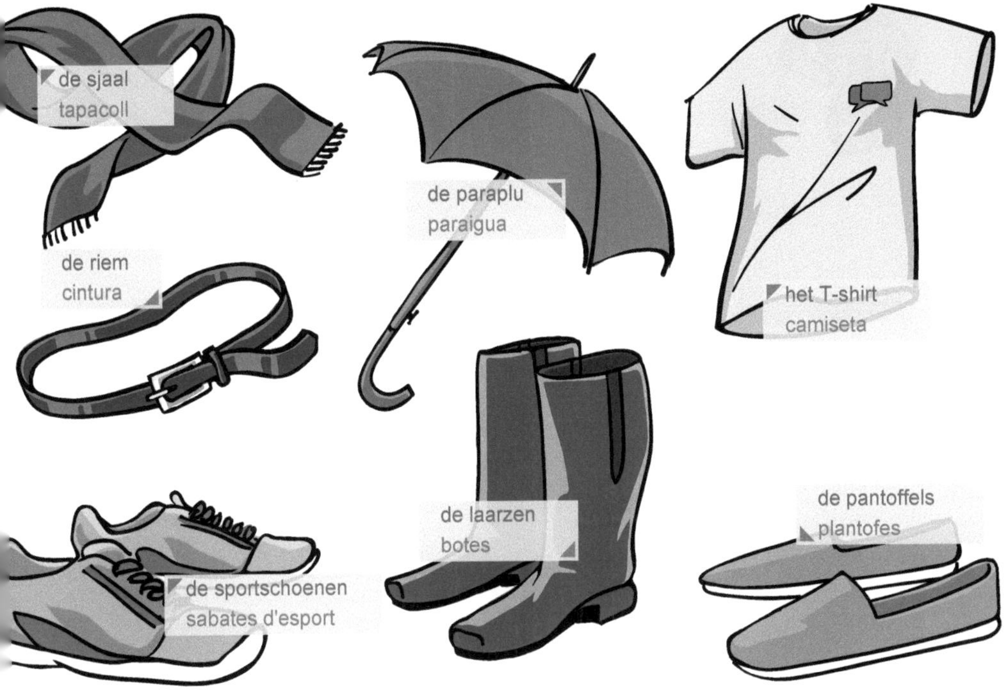

de sjaal
tapacoll

de paraplu
paraigua

het T-shirt
camiseta

de riem
cintura

de laarzen
botes

de pantoffels
plantofes

de sportschoenen
sabates d'esport

de sandalen
....
sandàlies

de schoenen
....
sabates

de rubberlaarzen
....
botes de goma

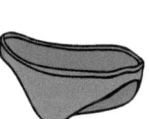

de onderbroek
....
calçonets

de beha
....
sostenidor

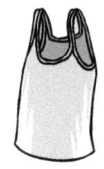

het onderhemd
....
guardapits

de body

jjustacòs

de broek

pantalons

de spijkerbroek

jeans

de rok

faldeta

de blouse

brusa

het overhemd

camisa

de trui

jersei

de hoody

dessuadora

de blazer

blazer

de jas

jaqueta

de mantel

mantell

de regenjas

impermeable

het kostuum

vestit de dona

de jurk

vestit de dona

de trouwjurk

vestit de núvia

het pak

vestit d'home

het nachthemd

camisa de dormir

de pyjama

pijama

de sari

sari

de hoofddoek

mocador de cap

de tulband

turbant

de boerka

burca

de kaftan

caftan

de abaja

abaia

het zwempak

vestit de bany

de zwembroek

calçon(et)s de bany

de korte broek

pantalons curts

het trainingspak

xandall

de/het schort

davantal

de handschoenen

guants

de knoop

botó

de bril

ulleres

de armband

braçalet

de ketting

collaret

de ring

anell

de oorbel

orellera

de pet

casquet

de kledinghanger

penjador

de hoed

capell

de stropdas

corbata

de rits

cremallera

de helm

casc

de bretels

elàstics

het schooluniform

uniforme escolar

het uniform

uniforme

de kleding - roba

het slabbetje

pitet

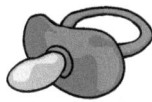

de speen

xumet

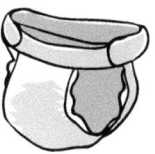

de luier

bolquer

het kantoor
oficina

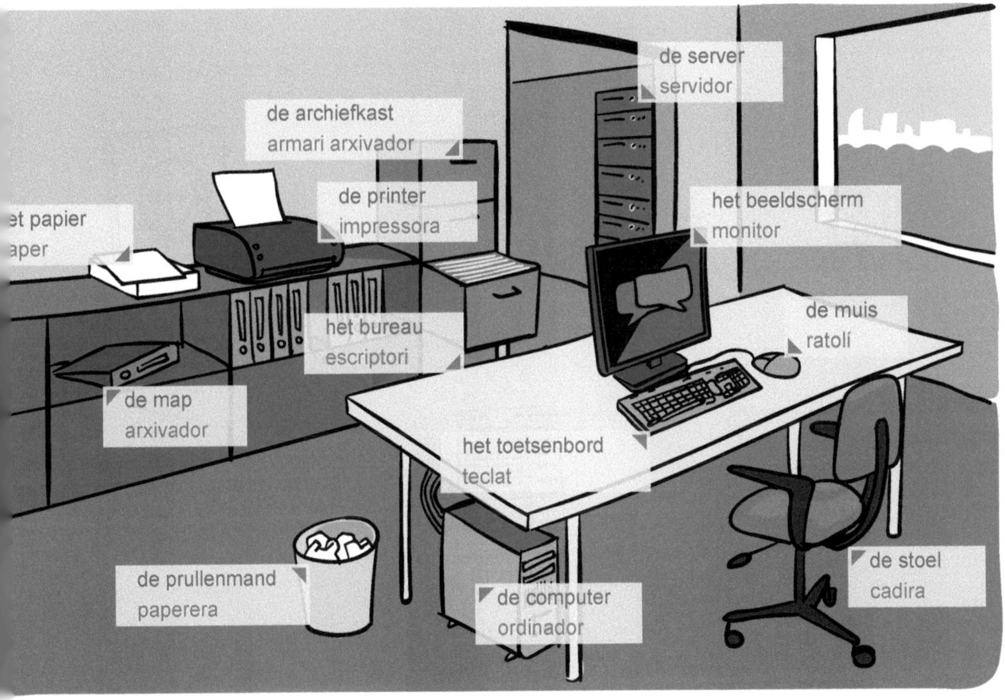

de server
servidor

de archiefkast
armari arxivador

de printer
impressora

het beeldscherm
monitor

et papier
aper

het bureau
escriptori

de muis
ratolí

de map
arxivador

het toetsenbord
teclat

de prullenmand
paperera

de computer
ordinador

de stoel
cadira

de koffiemok

tassa de cafè

de rekenmachine

calculadora

het internet

Internet

de laptop

ordinador portàtil

de brief

lletra

het bericht

missatge

de mobiele telefoon

mòbil

het netwerk

xarxa

de kopieermachine

fotocopiadora

de software

programari

de telefoon

telèfon

het stopcontact

presa de corrent

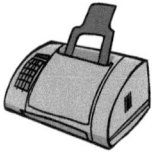

de fax

fax

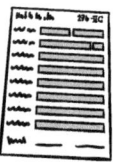

het formulier

formulari

het document

document

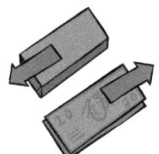

kopen
....
comprar

betalen
....
pagar

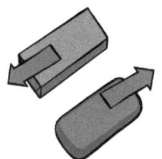

handel drijven
....
comerciar

het geld
....
diners

de dollar
....
dòlar

de euro
....
euro

de yen
....
ien

de roebel
....
ruble

de Zwitserse frank
....
franc suís

de renminbi yuan
....
renminbi

de roepie
....
rupia

de geldautomaat
....
caixa automàtica

het wisselkantoor

oficina de canvi

het goud

or

het zilver

argent

de olie

petroli

de energie

energia

de prijs

preu

het contract

contracte

de belasting

impost

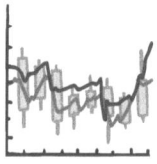

het aandeel

acció

werken

treballar

de werknemer

treballador

de werkgever

empresari

de fabriek

fàbrica

de winkel

botiga

de politieagent
oficial de policia

de brandweerman
bomber

de kok
cuiner

de dokter
doctora

de piloot
pilot

de tuinman

jardiner

de timmerman

fuster

de naaister

costurera

de rechter

jutge

de scheikundige

química

de toneelspeler

actor

de buschauffeur

conductor d'autobús

de taxichauffeur

taxista

de visser

pescador

de schoonmaakster

dona de la neteja

de dakdekker

ensostrador

de ober

cambrer

de jager

caçador

de schilder

pintor

de bakker

forner

de elektricien

electricista

de bouwvakker

obrer de la construcció

de ingenieur

enginyer

de slager

carnisser

de loodgieter

llanterner

de postbode

correu

de soldaat

soldat

de architect

arquitecte

de kassier

caixera

de bloemist

florista

de kapper

perruquer

de conducteur

revisor

de monteur

mecànic

de kapitein

capità

de tandarts

dentista

de wetenschapper

científic

de rabbi

rabí

de imam

imam

de monnik

monjo

de pastoor

capellà

het gereedschap
eines

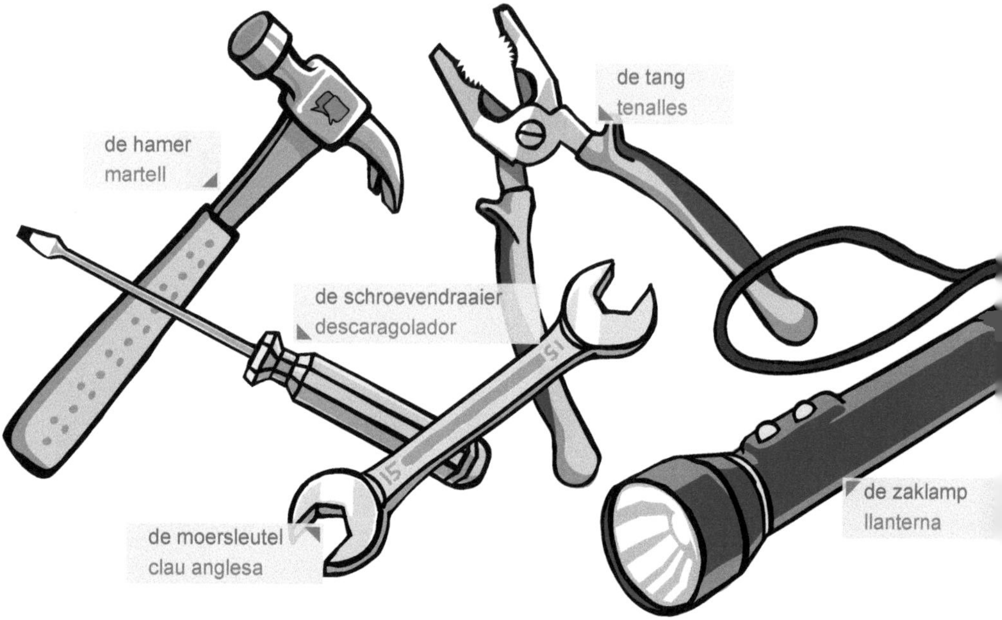

de tang
tenalles
de hamer
martell
de schroevendraaier
descaragolador
de zaklamp
llanterna
de moersleutel
clau anglesa

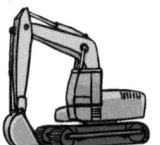

de graafmachine
excavadora

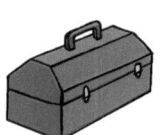

de gereedschapskist
caixa d'eines

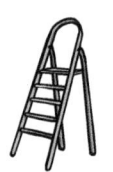

de ladder
escala

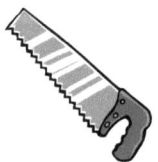

de zaag
serra

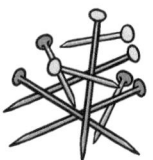

de spijkers
claus

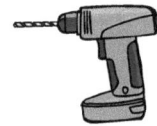

de boor
trepant

repareren

reparar

de schep

pala

Verdorie!

Maleït siga!

het stofblik

pala

de verfpot

pot de pintura

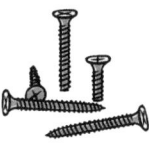

de schroeven

caragols

de muziekinstrumenten
instrument de música

de luidspreker
altaveu

het drumstel
bateria

de contrabas
contrabaix

de trompet
trompeta

de gitaar
guitarra

de piano

piano

de viool

violí

de bas

baix

de pauk

timbal

de trommel

tambor

het keyboard

teclat

de saxofoon

saxofon

de fluit

flauta

de microfoon

micròfon

de dierentuin

zoo

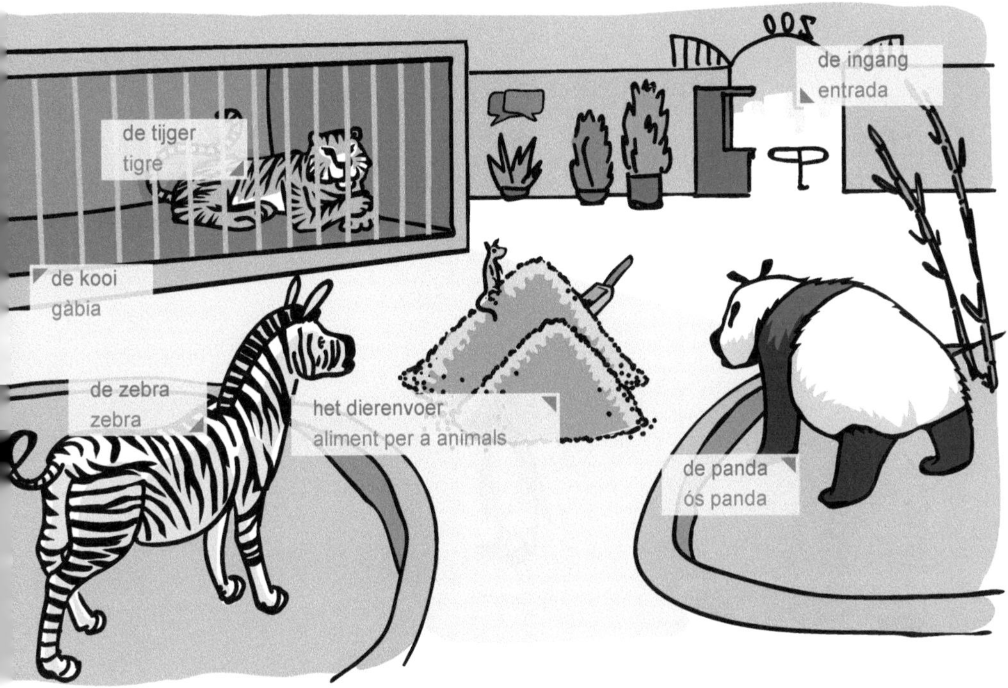
de ingang
entrada
de tijger
tigre
de kooi
gàbia
de zebra
zebra
het dierenvoer
aliment per a animals
de panda
ós panda

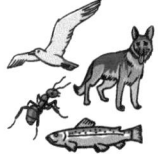

de dieren
animals

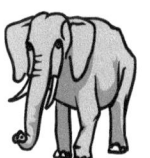

de olifant
elefant

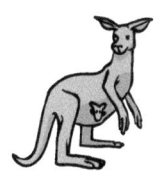

de kangoeroe
cangurú

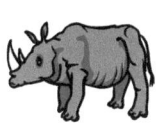

de neushoorn
rinoceront

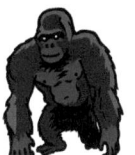

de gorilla
goril·la

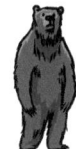

de beer
ós

de kameel
camell

de struisvogel
estruç

de leeuw
lleó

de aap
simi

de flamingo
flamenc

de papegaai
papagai

de ijsbeer
ós polar

de pinguïn
pingüí

de haai
ca mari

de pauw
paó

de slang
serp

de krokodil
cocodril

de dierenverzorger
guardià del zoo

de zeehond
foca

de jaguar
jaguar

de pony

poni

de/het luipaard

lleopard

het nijlpaard

hipopòtam

de giraffe

girafa

de adelaar

àliga

het wild zwijn

senglar

de vis

peix

de schildpad

tortuga

de walrus

morsa

de vos

guineu

de gazelle

gasela

American football
futbol americà

wielrennen
ciclisme

tennis
tenis

basketbal
bàsquet

zwemmen
natació

boksen
boxa

ijshockey
hoquei sobre gel

voetbal
futbol americà

badminton
bàdminton

atletiek
atletisme

handbal
handbol

skiën
esquí

polo
polo

de activiteiten
activitats

lachen
riure
springen
saltar
knuffelen
abraçar
lopen
anar
zingen
cantar
dromen
somiar
bidden
pregar
kussen
fer un petó

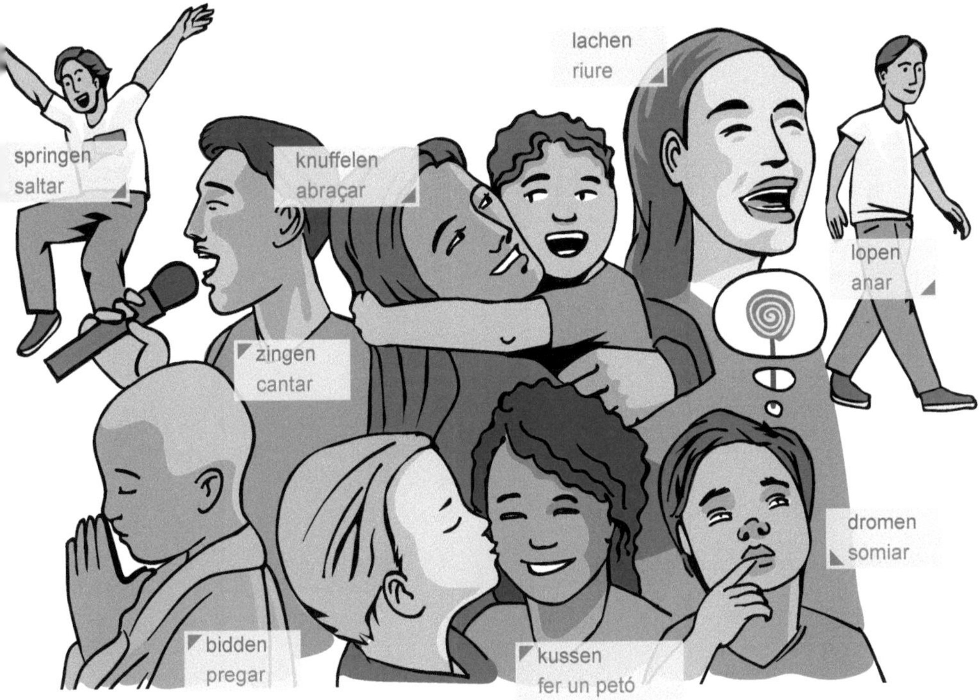

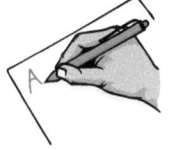

schrijven

escriure

tekenen

dibuixar

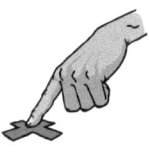

tonen

mostrar

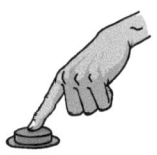

duwen

pitjar

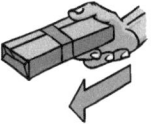

geven

donar

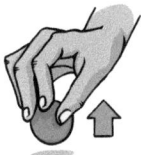

oppakken

prendre

hebben

tenir

doen

fer

zijn

ésser

staan

estar dret

rennen

córrer

trekken

estirar

gooien

llançar

vallen

caure

liggen

jeure

wachten

esperar

dragen

portar

zitten

asseure's

aankleden

vestir-se

slapen

dormir

wakker worden

despertar-se

bekijken
mirar

huilen
plorar

strelen
amoixar

kammen
pentinar

praten
parlar

begrijpen
comprendre

vragen
demanar

horen
escoltar

drinken
beure

eten
menjar

opruimen
endreçar

houden van
estimar

koken
cuinar

rijden
conduir

vliegen
volar

zeilen

navegar

rekenen

calcular

lezen

llegir

leren

aprendre

werken

treballar

trouwen

casar-se

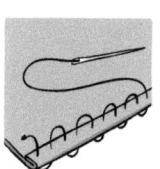

naaien

cosir

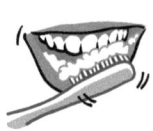

tandenpoetsen

raspallar-se les dents

doden

matar

roken

fumar

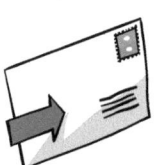

verzenden

enviar

de familie
família

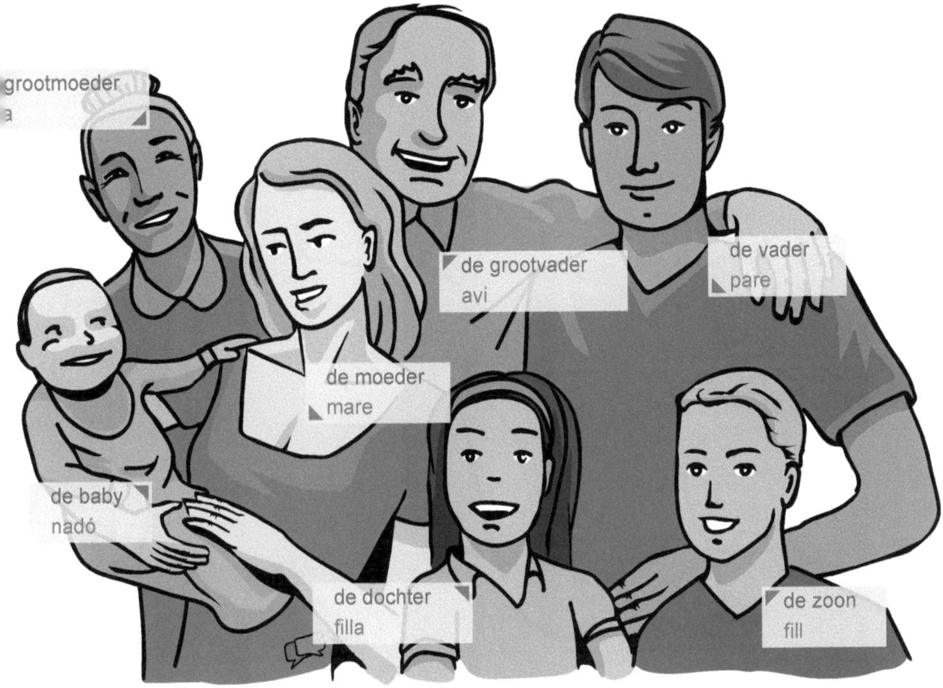
grootmoeder
a
de grootvader
avi
de vader
pare
de moeder
mare
de baby
nadó
de dochter
filla
de zoon
fill

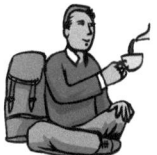

de gast
convidat

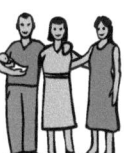

de tante
tia

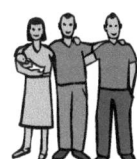

de oom
oncle

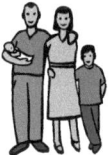

de broer
germà

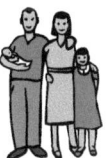

de zus
germana

het lichaam

cos

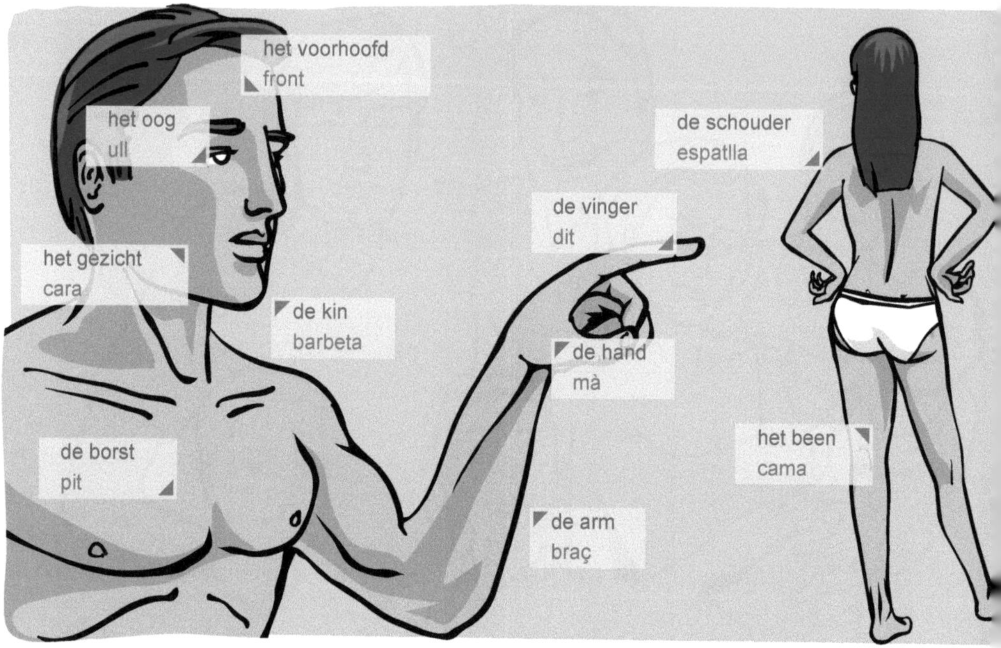
het voorhoofd
front
het oog
ull
de schouder
espatlla
de vinger
dit
het gezicht
cara
de kin
barbeta
de hand
mà
de borst
pit
het been
cama
de arm
braç

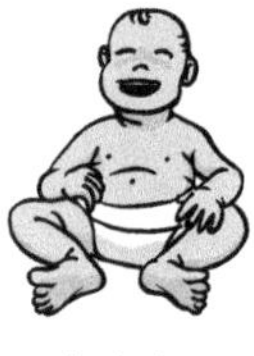

de baby
nadó

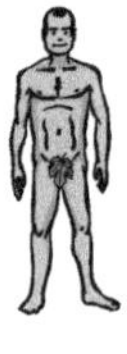

de man
home

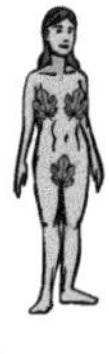

de vrouw
dona

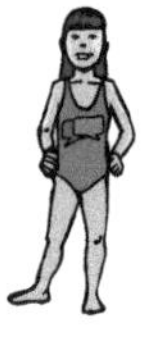

het meisje
noia

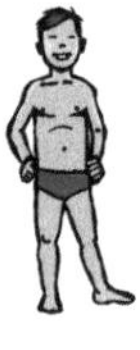

de jongen
noi

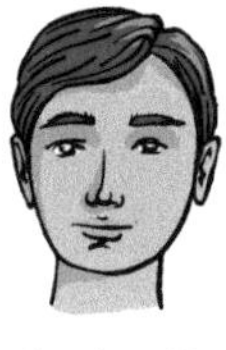

het hoofd
cap

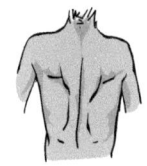

de rug
....
esquena

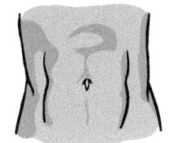

de buik
....
panxa

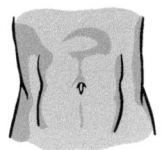

de navel
....
melic

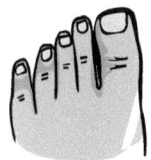

de teen
....
dit gros del peu

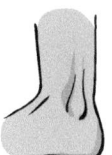

de hiel
....
taló

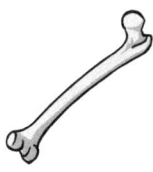

het bot
....
os

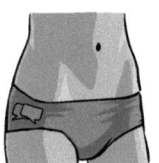

de heup
....
maluc

de knie
....
genoll

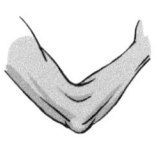

de elleboog
....
colze

de neus
....
nas

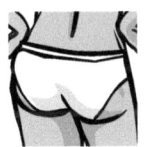

het achterwerk
....
cul

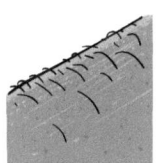

de huid
....
pell

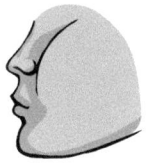

de wang
....
galta

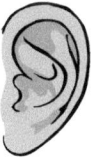

het oor
....
orella

de lippen
....
llavi

de mond

boca

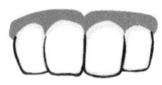

de tand

dent

de tong

llengua

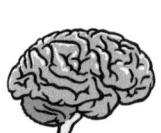

de hersenen

cervell

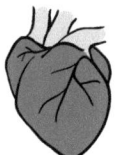

het hart

cor

de spier

múscul

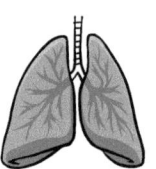

de long

pulmó

de lever

fetge

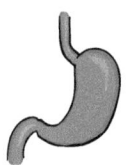

de maag

estómac

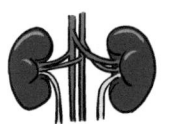

de nieren

ronyó

de geslachtsgemeenschap

relació sexual

het condoom

preservatiu

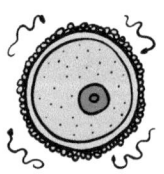

de eicel

ovari

het sperma

semen

de zwangerschap

prenyat

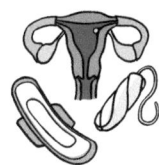

de menstruatie

menstruació

de vagina

vagina

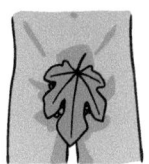

de penis

penis

de wenkbrauw

cella

het haar

cabells

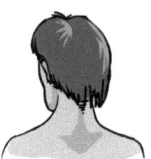

de hals

coll

het ziekenhuis
hospital

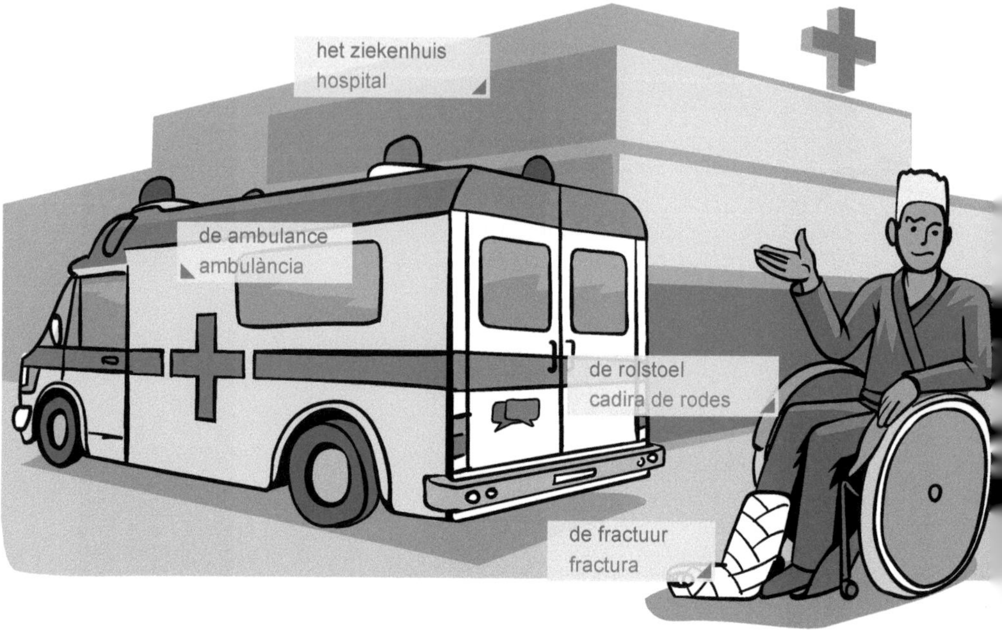

het ziekenhuis
hospital
de ambulance
ambulància
de rolstoel
cadira de rodes
de fractuur
fractura

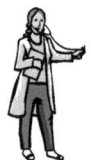

de dokter

doctora

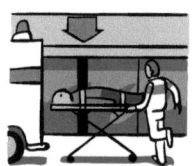

de EHBO

sala d'urgències

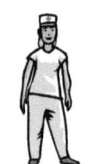

de verpleegster

infermera

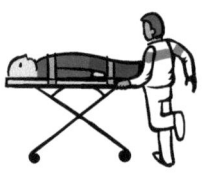

het noodgeval

urgència

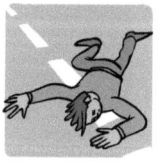

bewusteloos

inconscient

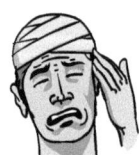

de pijn

dolor

de verwonding

ferida

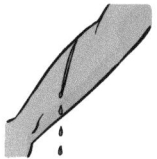

de bloeding

sagnament

de hartaanval

atac de cor

de beroerte

apoplexia

de allergie

al·lèrgia

de hoest

tos

de koorts

febre

de griep

gripa

de diarree

diarrea

de hoofdpijn

mal de cap

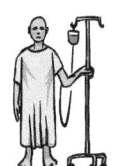

de kanker

càncer

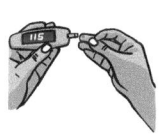

de diabetes

diabetis

de chirurg

cirurgià

het scalpel

escalpel

de operatie

operació

de CT

tomografia computada (TC), TAC

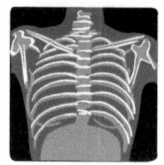

de röntgen

raigs x

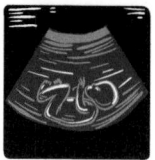

de echografie

ultrasò

het gezichtsmasker

mascareta

de ziekte

malaltia

de wachtkamer

sala d'espera

de kruk

crossa

de pleister

tireta

het verband

embenat

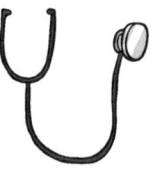

de injectie

injecció

de stethoscoop

estetoscopi

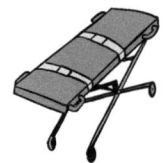

de brancard

llitera

de thermometer

termòmetre clínic

de geboorte

pariment

het overgewicht

sobrepès

het gehoorapparaat
aparell auditiu

het ontsmettingsmiddel
desinfectant

de infectie
infecció

het virus
virus

(de) HIV / AIDS
VIH / SIDA

het medicijn
medicina

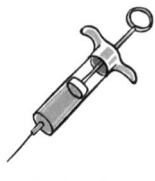
de inenting
vaccí

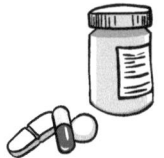
de tabletten
comprimits

de pil
píl·lola

het alarmnummer
trucada d'urgència

de bloeddrukmeter
tensiòmetre

ziek / gezond
malalt / sà

het alarm

alarma

de overval

assalt

de aanval

atac

het gevaar

perill

de nooduitgang

sortida-eixida d'urgència

Help!

Socors!

Brand!

Foc!

de brandblusser

extintor

het ongeluk

accident

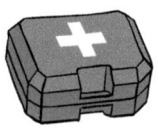

de EHBO-koffer

farmaciola de primers
auxilis

SOS

SOS

de politie

policia

Europa

Europa

Noord-Amerika

Amèrica del Nord

Zuid-Amerika

Amèrica del Sud

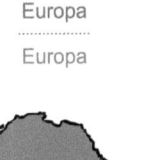

Afrika

Àfrica

Azië

Àsia

Australië

Austràlia

de Atlantische Oceaan

Atlàntic

de Stille Oceaan

Pacífic

de Indische Oceaan

Oceà Índic

de Zuidelijke Oceaan

Oceà Antàrtic

de Noordelijke IJszee

Oceà Àrtic

de Noordpool

pol nord

de Zuidpool

pol sud

Antarctica

Antàrtida

de aarde

terra

het land

país

de zee

mar

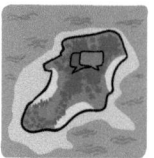

het eiland

illa

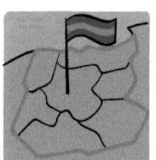

de natie

nació

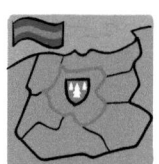

de staat

estat

de wijzerplaat

quadrant

de uurwijzer

agulla de les hores

de minutenwijzer

agulla dels minuts

de secondewijzer

agulla dels segons

Hoe laat is het?

Quina hora és?

de dag

dia

de tijd

temps

nu

ara

het digitaal horloge

rellotge digital

de minuut

minut

het uur

hora

de week

setmana

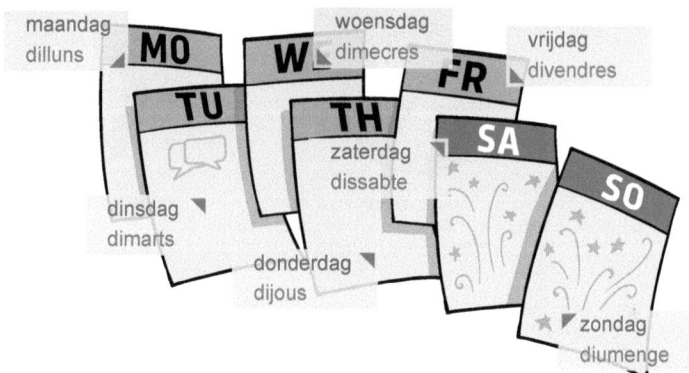

maandag — dilluns
woensdag — dimecres
vrijdag — divendres
dinsdag — dimarts
zaterdag — dissabte
donderdag — dijous
zondag — diumenge

gisteren
ahir

vandaag
avui

morgen
demà

de ochtend
matí

de middag
migdia

de avond
tarda

MO	TU	WE	TH	FR	SA	SU
1	2	3	4	5	6	7
8	9	10	11	12	13	14
15	16	17	18	19	20	21
22	23	24	25	26	27	28
29	30	31	1	2	3	4

de werkdagen
dia feiner

MO	TU	WE	TH	FR	SA	SU
1	2	3	4	5	6	7
8	9	10	11	12	13	14
15	16	17	18	19	20	21
22	23	24	25	26	27	28
29	30	31	1	2	3	4

het weekend
cap de setmana

het jaar

any

de regen
pluja
de regenboog
arc de Sant Martí
de sneeuw
neu
de wind
vent
het voorjaar
primavera
de zomer
estiu
de herfst
tardor
de winter
hivern

4.APRIL 11°
5.APRIL 4°
6.APRIL 13°
7.APRIL 8°
8.APRIL 10°

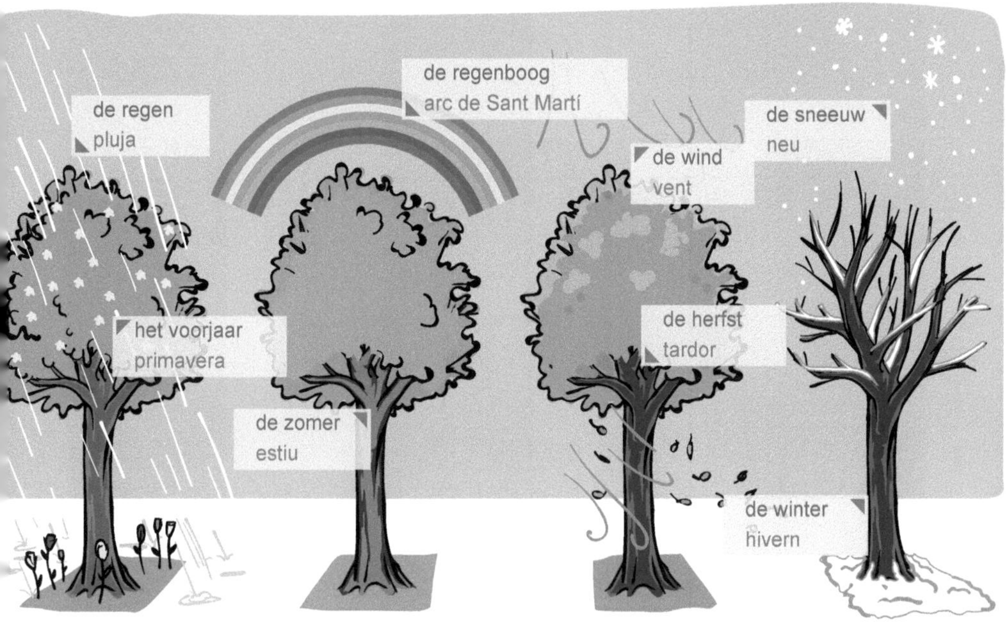

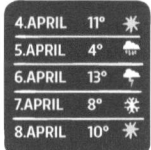

het weerbericht

pronòstic del temps

F C
120 40
90 30
60 20
30 10
0 0
-30 -10
-20

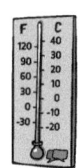

de thermometer

termòmetre

de zonneschijn

llum del sol

de wolk

núvol

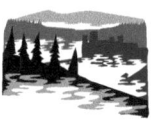

de mist

boira

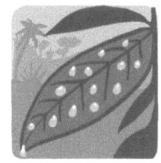

de luchtvochtigheid

humiditat de l'aire

de bliksem

llamp

de donder

tro

de storm

tempesta

de hagel

calamarsa

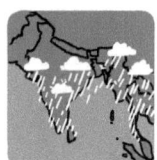

de moesson

monsó

de overstroming

inundació

het ijs

gel

januari

gener

februari

febrer

maart

març

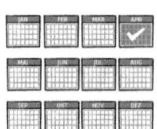

april

abril

mei

maig

juni

juny

juli

juliol

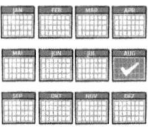

augustus

agost

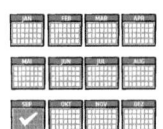

september
setembre

oktober
octubre

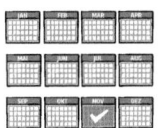

november
novembre

december
desembre

de vormen
formes

de cirkel
cercle

het vierkant
quadrat

de rechthoek
rectangle

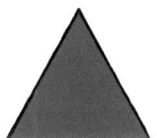

de driehoek
triangle

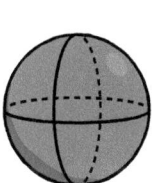

de bol
esfera

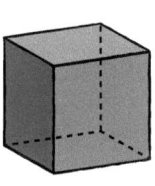

de kubus
cub

de kleuren

colors

wit

blanc

geel

groc

oranje

taronja

roze

rosa

rood

vermell

paars

lila

blauw

blau

groen

verd

bruin

marró

grijs

gris

zwart

negre

veel / weinig

molt / poc

boos / rustig

emprenyat / tranquil

mooi / lelijk

bonic / lleig

begin / einde

començament / fi

groot / klein

gran / petit

licht / donker

clar / fosc

broer / zus

germà / germana

schoon / vies

net / brut

volledig / onvolledig

complet / incomplet

dag/ nacht

dia / nit

dood / levend

mort / viu

breed / smal

ample / estret

eetbaar / oneetbaar

comestible / immenjable

gemeen / aardig

dolent / amable

opgewonden / verveeld

entusiasmat / entediat

dik / dun

gros / prim

eerste / laatste

primer / darrer

vriend / vijand

amic / enemic

vol / leeg

ple / buit

hard / zacht

dur / tou

zwaar / licht

pesant / lleuger

honger / dorst

gana / set

ziek / gezond

malalt / sà

illegaal / legaal

il·legal / legal

intelligent / dom

intel·ligent / ximple

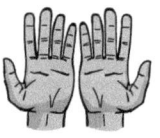

links / rechts

esquerra / dreta

dichtbij / ver

prop / llunyà

nieuw / gebruikt
nou / usat

niets / iets
res / quelcom

oud / jong
vell / jove

aan / uit
encès / apagat

open / gesloten
obert / tancat

zacht / luid
silenciós / sorollós

rijk / arm
ric / pobre

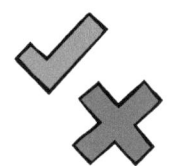

goed / fout
correcte / incorrecte

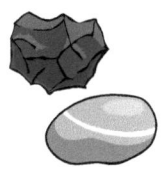

ruw / glad
aspre / suau

verdrietig / gelukkig
trist / content

kort / lang
curt / llarg

langzaam / snel
lent / ràpid

nat / droog
humit / sec - eixut

warm / koel
calent / fred

oorlog / vrede
guerra / pau

0

nul

zero

1

één

u

2

twee

dos

3

drie

tres

4

vier

quatre

5

vijf

cinc

6

zes

sis

7

zeven

set

8

acht

vuit

9

negen

nou

10

tien

deu

11

elf

onze

12

twaalf

dotze

13

dertien

tretze

14

veertien

catorze

15

vijftien

quinze

16

zestien

setze

17

zeventien

disset

18

achttien

divuit

19

negentien

dinou

20

twintig

vint

100

honderd

cent

1.000

duizend

mil

1.000.000

miljoen

milió

Engels

anglès

Amerikaans Engels

anglès americà

Chinees Mandarijn

xinès mandarí

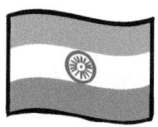

Hindi

hindi

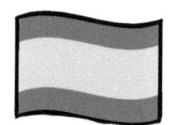

Spaans

espanyol

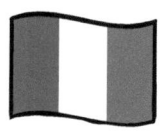

Frans

francès

Arabisch

àrab

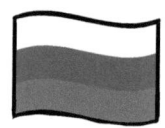

Russisch

rus

Portugees

portuguès

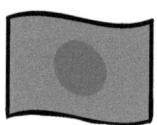

Bengalees

bengalí

Duits

alemany

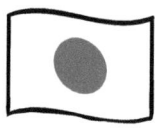

Japans

japonès

ik
jo

jij
tu

hij / zij / het
ell / ella / allò

wij
nosaltres

jullie
vosaltres

zij
ells

wie?
qui?

wat?
què?

hoe?
com?

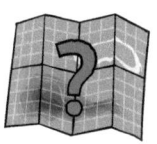

waar?
on?

wanneer?
quan?

de naam
nom

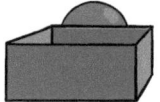

achter

darrere

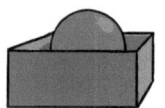

in

en

voor

davant de

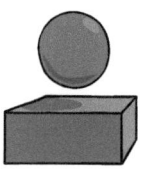

boven

damunt

op

sobre

onder

sota

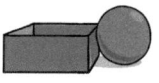

naast

al costat

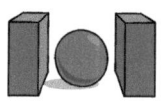

tussen

entre

plaats

lloc